Bilderbuch der Schlösser und Paläste

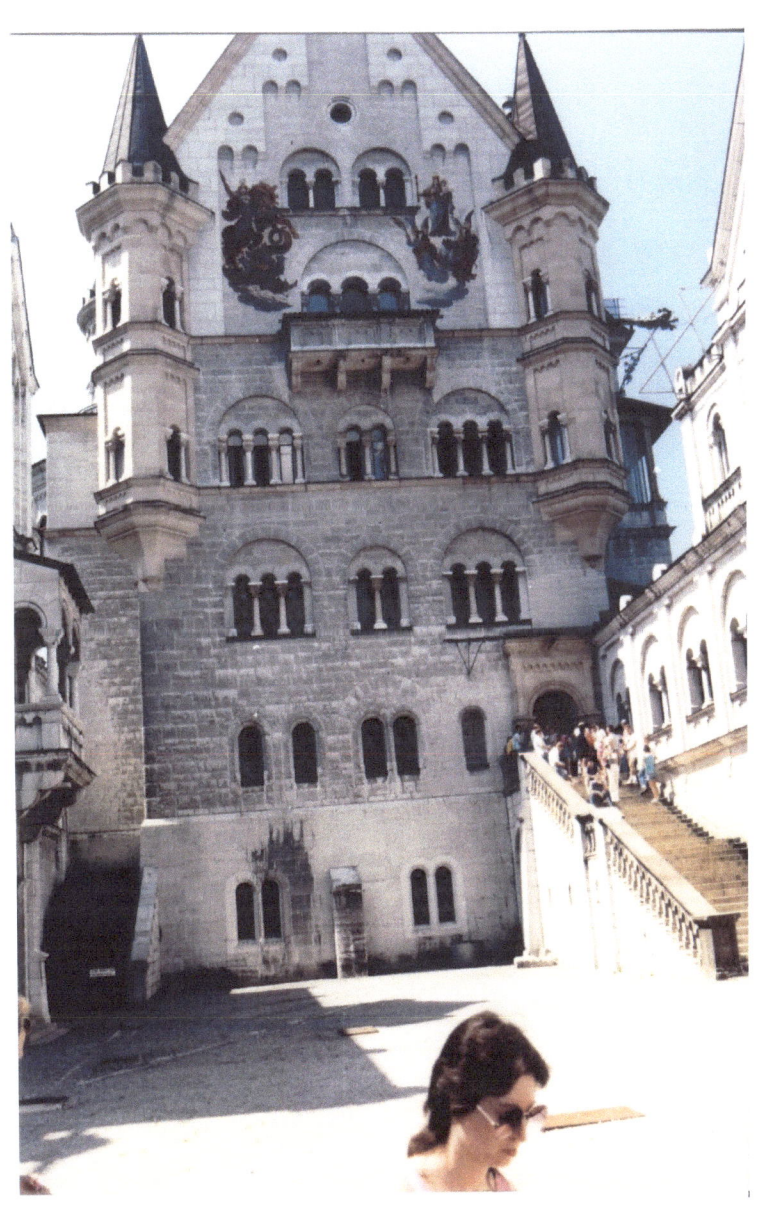

Von

Michael Robert Serovey, MA, MISM

Ehemaliger US-Armee-Sergeant

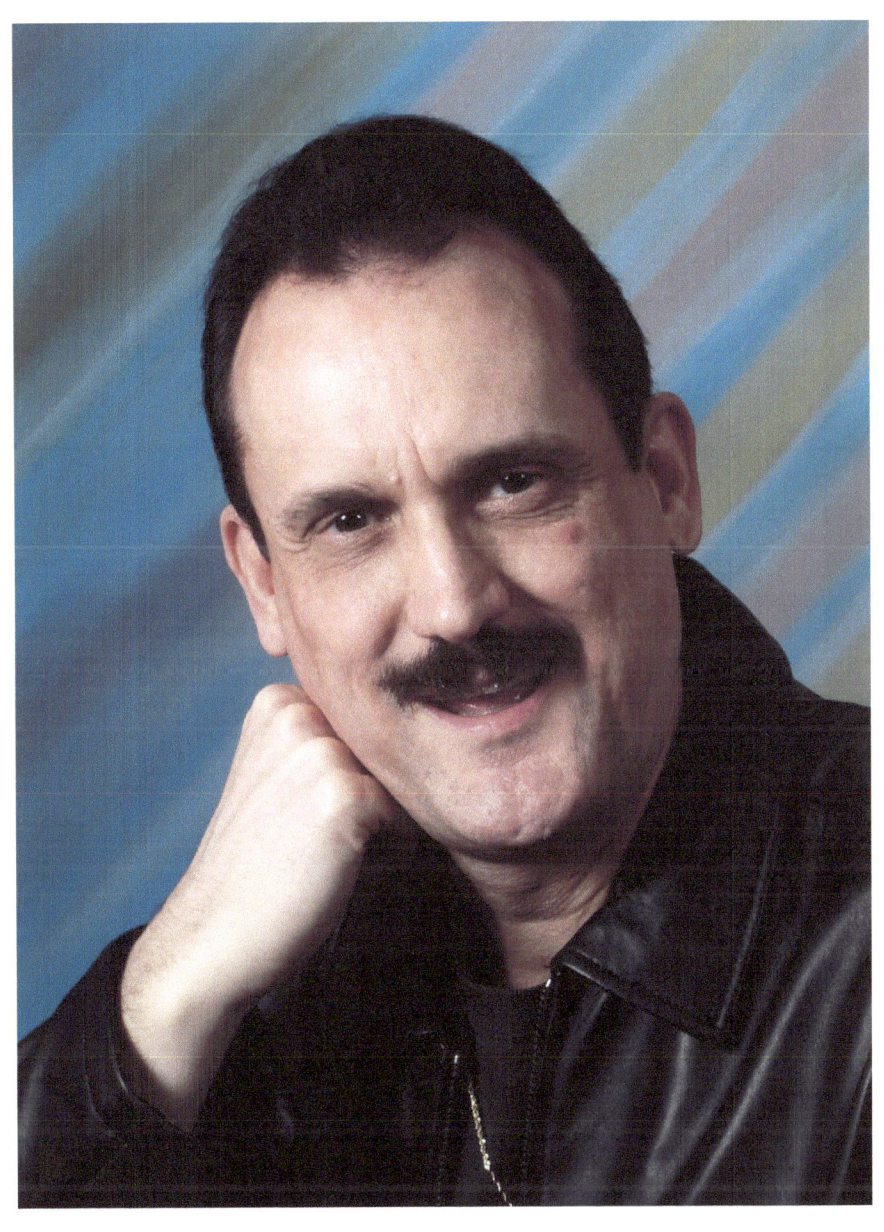

Copyright Informationseite

Einleitung

Dieses Buch ist eine Sammlung von Fotos, die ich aufgenommen habe von Schlössern und Burgen während ich von 1983 bis 1986 in Giessen, Deutschland stationiert war. Ich habe diese Bilder online gestellt und für diejenigen, die sie gern alle an einem Ort haben wollen, zusammen veröffentlicht. Auch wenn ich diese Bilder bei Facebook eingestellt habe, behalte ich doch alle Urheberrechte an ihnen.

Ich kannte keine der Personen auf diesen Bildern.

.

Schloss Neuschwanstein

Ich besuchte Schloss Neuschwanstein im Jahr 1986, während ich auf Urlaub mit meiner Familie in Garmisch-Patenkirchen war. Mein Sohn, Jared Serovey, war zu der Zeit bei mir, aber er war erst etwa zwei Jahre alt, so kann er sich wahrscheinlich an diese Reise nicht erinnern. Wir verbrachten eine Woche in Garmisch-Patenkirchen, aber die Reise nach Schloss Neuschwanstein dauerte nur einen Tag und nur die Bilder von Schloss Neuschwanstein werden in diesem Buch sein, nicht jedoch die restlichen Bilder aus Bayern.

Der Wasserfall in der Nähe von Schloss Neuschwanstein liefert den natürlichen Wasserdruck für die innere Sanitäranlage in diesem Palast. Der See in der Nähe des Palastes ist angeblich der Ort, an dem der letzte König von Bayern, Ludwig III, von seinem eigenen Arzt ermordet worden sein soll. Die Schiebetür aus Glas zum Balkon hat Schwäne eingeschliffen. In der Zeit, in der ich das Schloss Neuschwanstein besuchte, war es nicht erlaubt Bilder im Inneren des Palastes aufzunehmen. Sie erklärten, dass das Fotografieren mit Blitz die Kunstwerk dort beschädigen könnte.

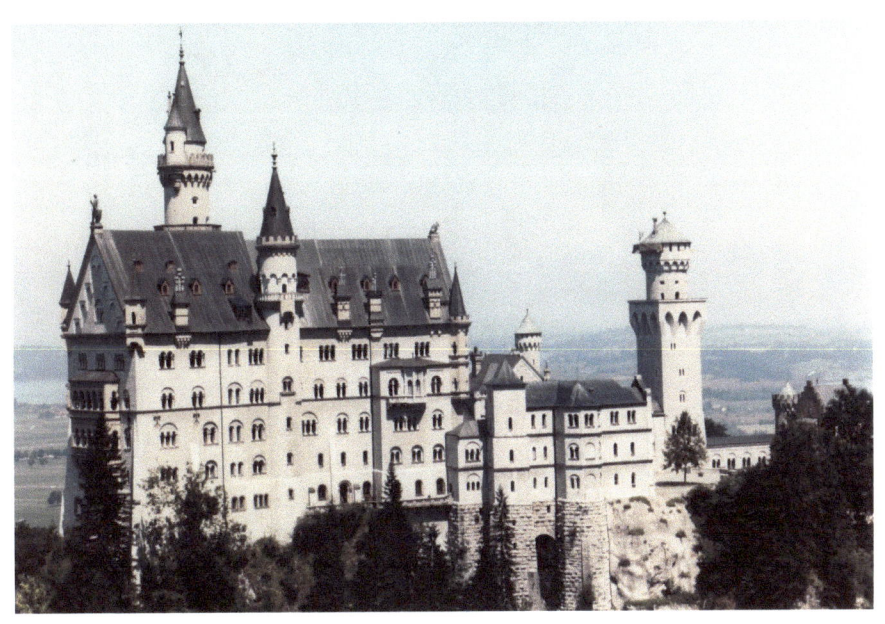

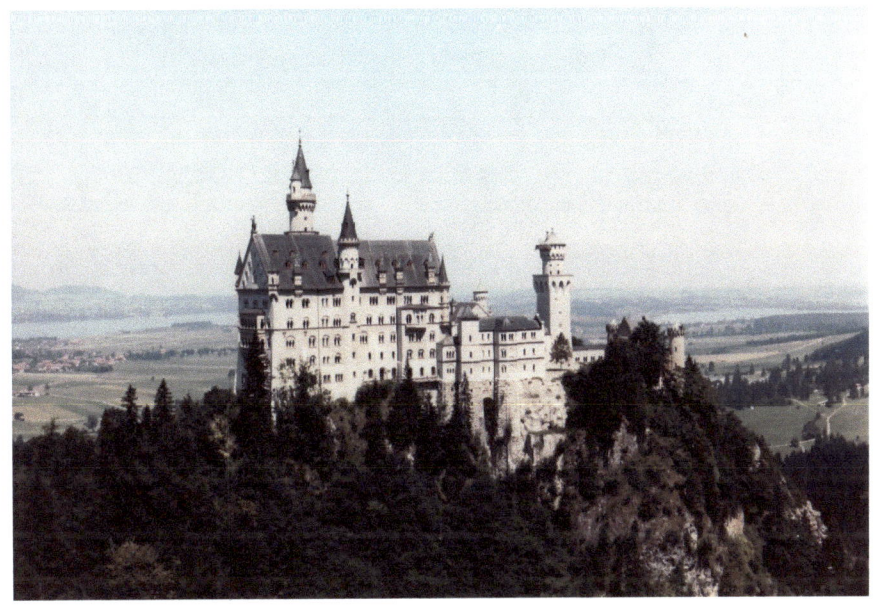

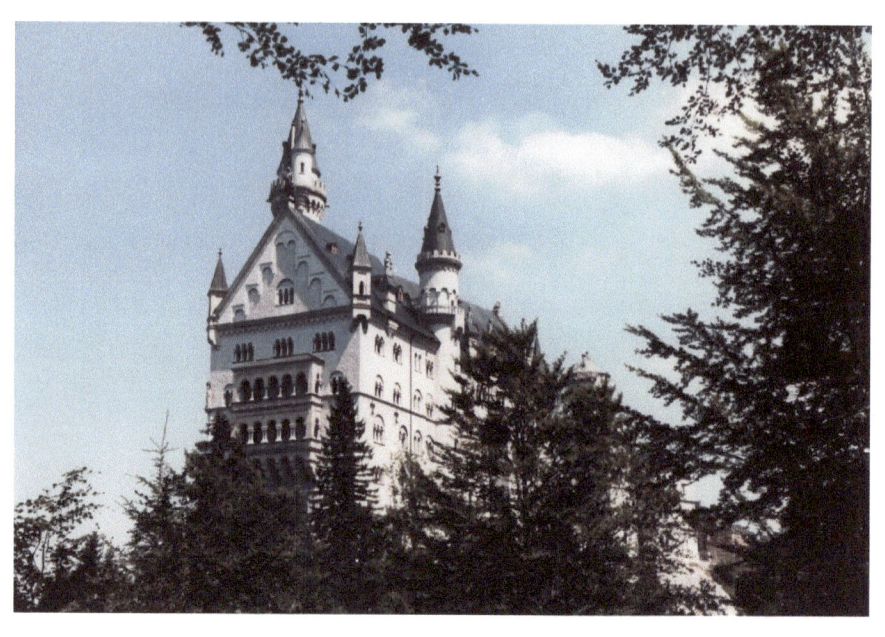

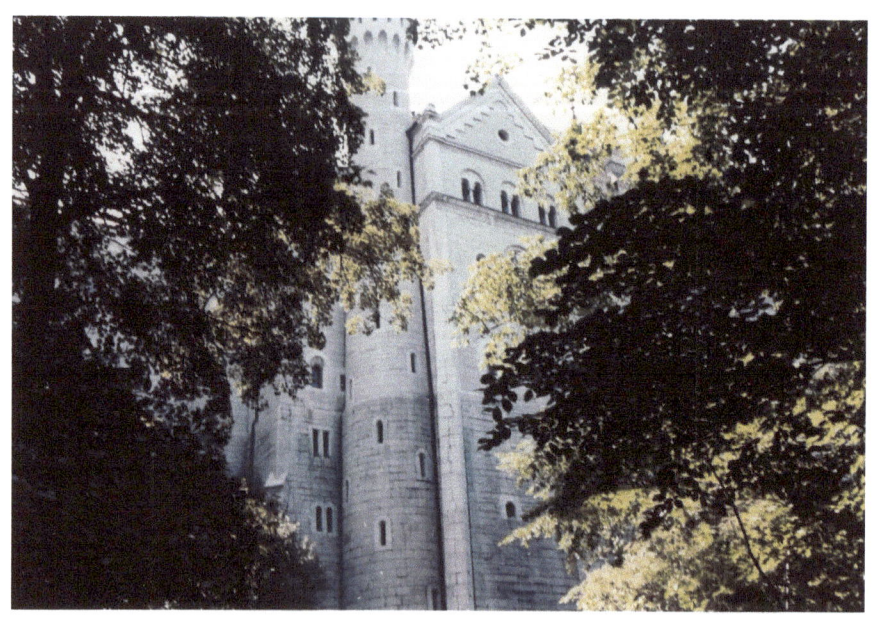

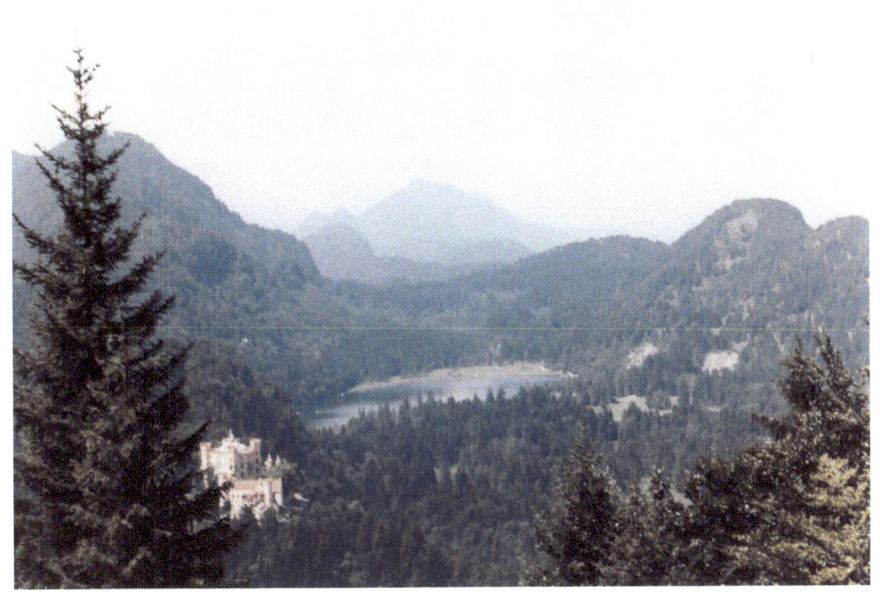

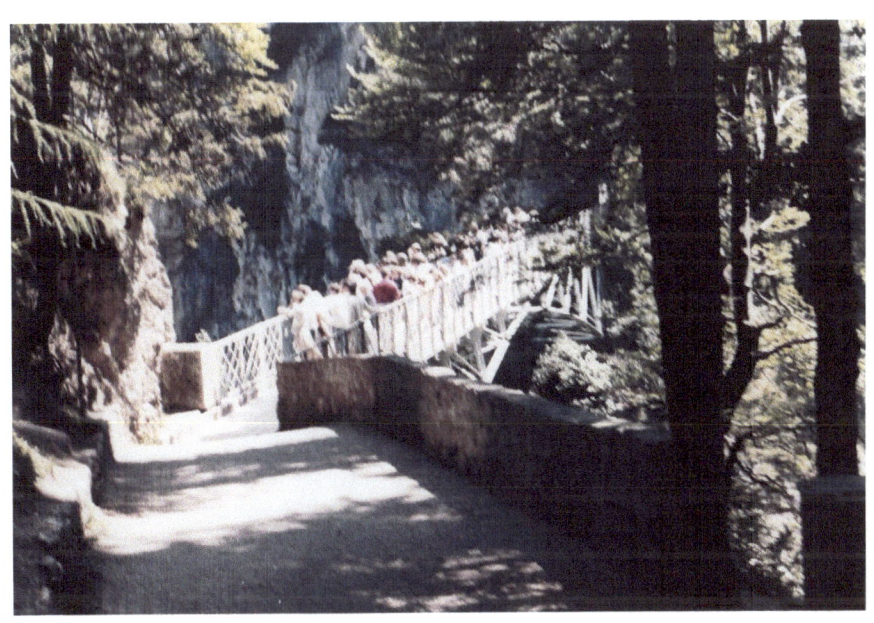

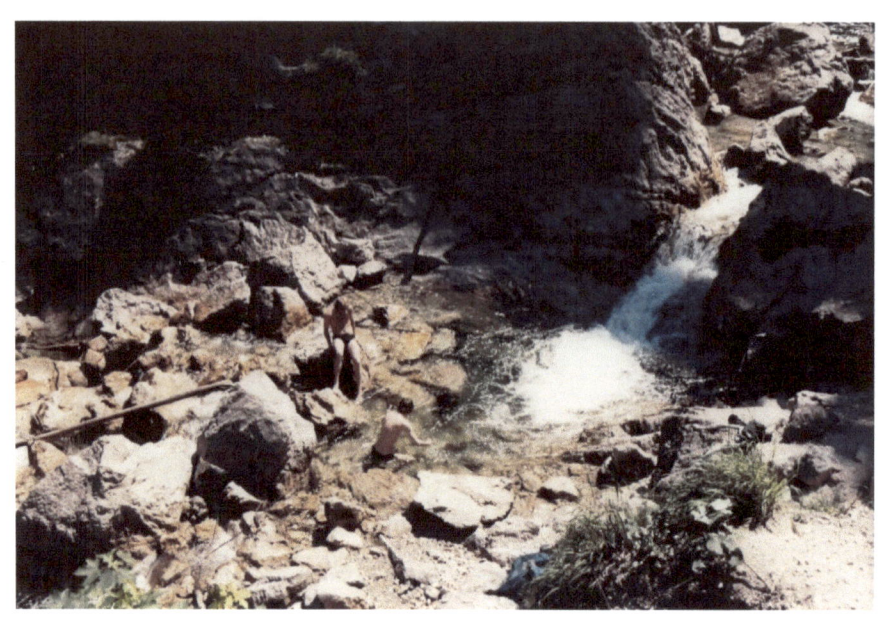

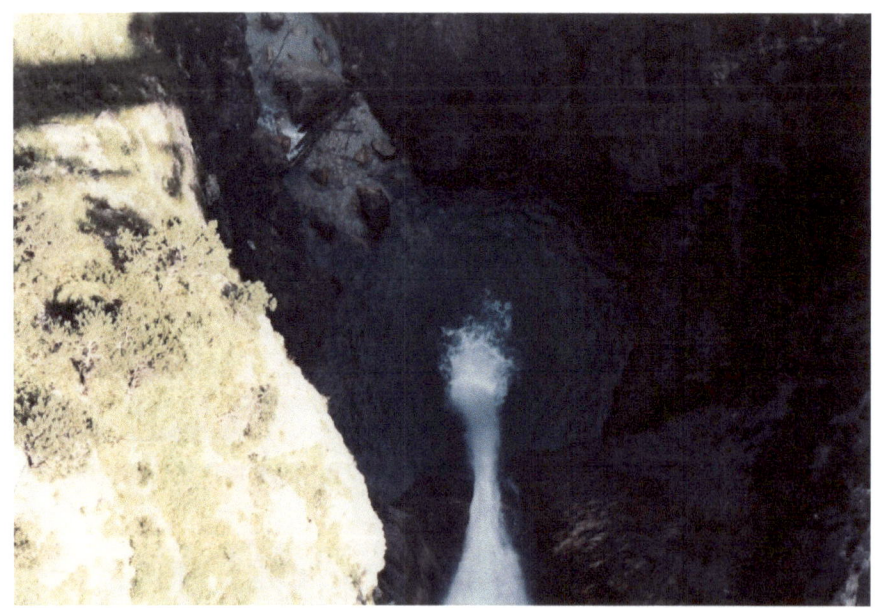

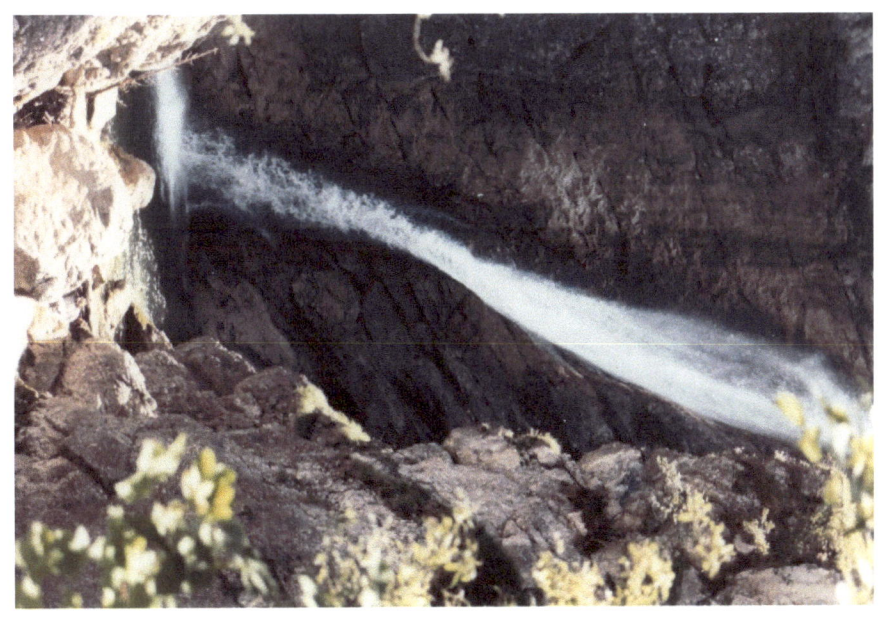

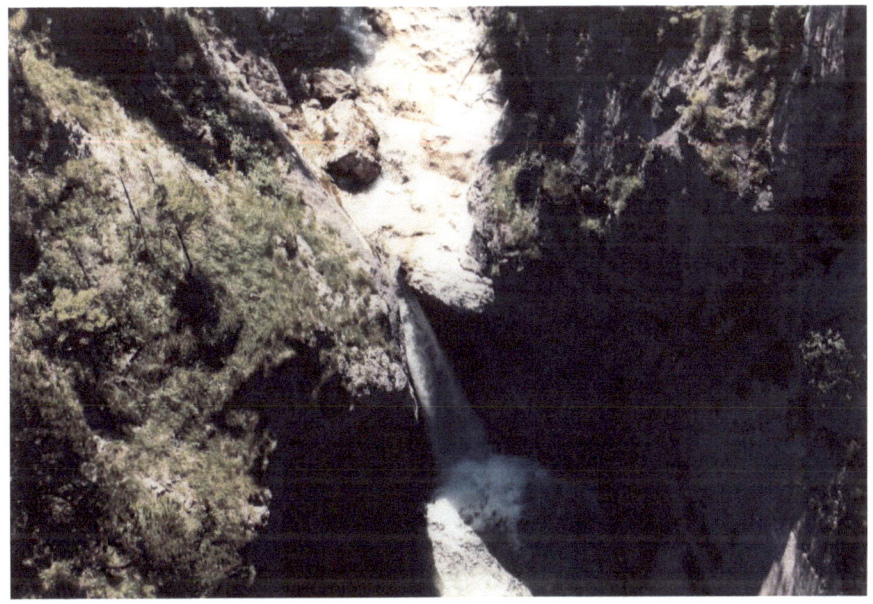

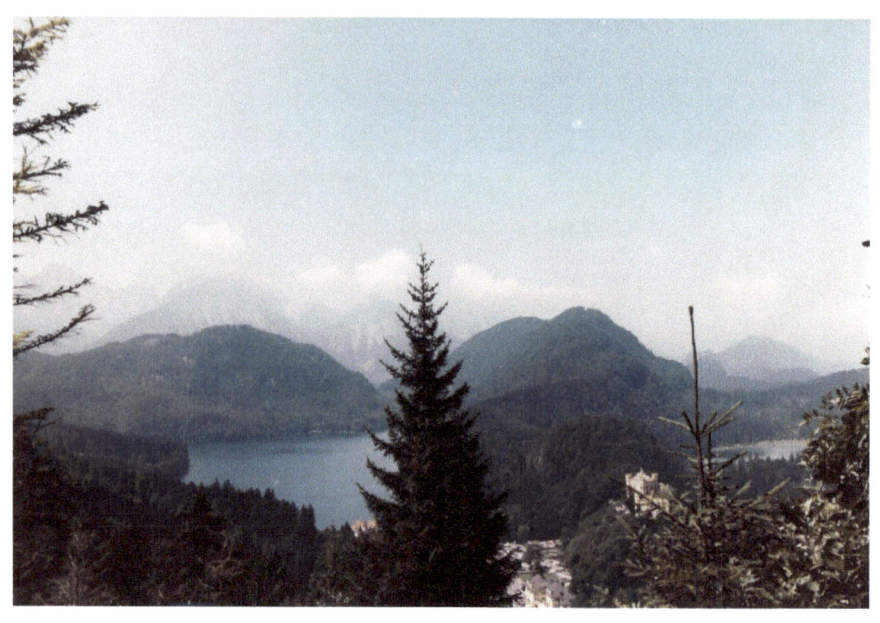

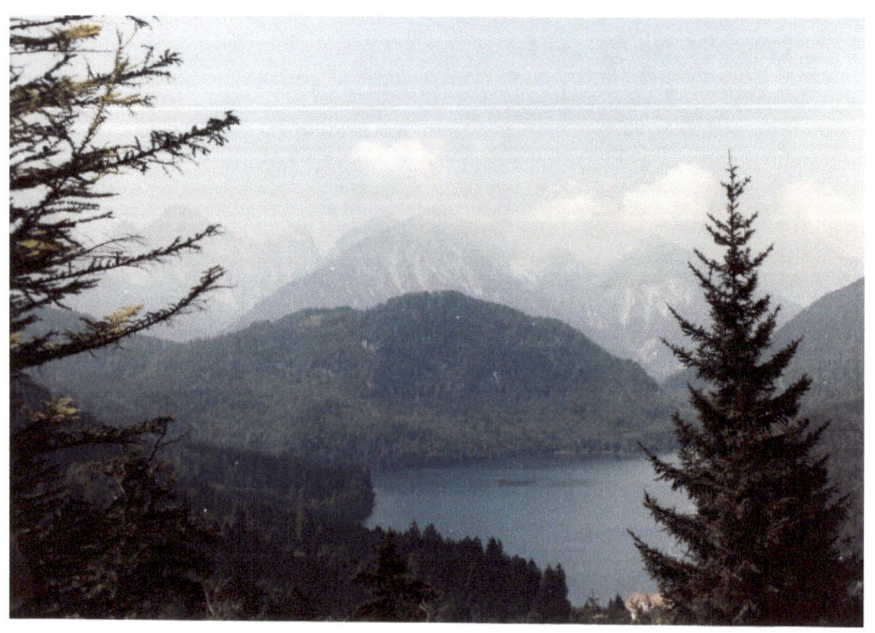

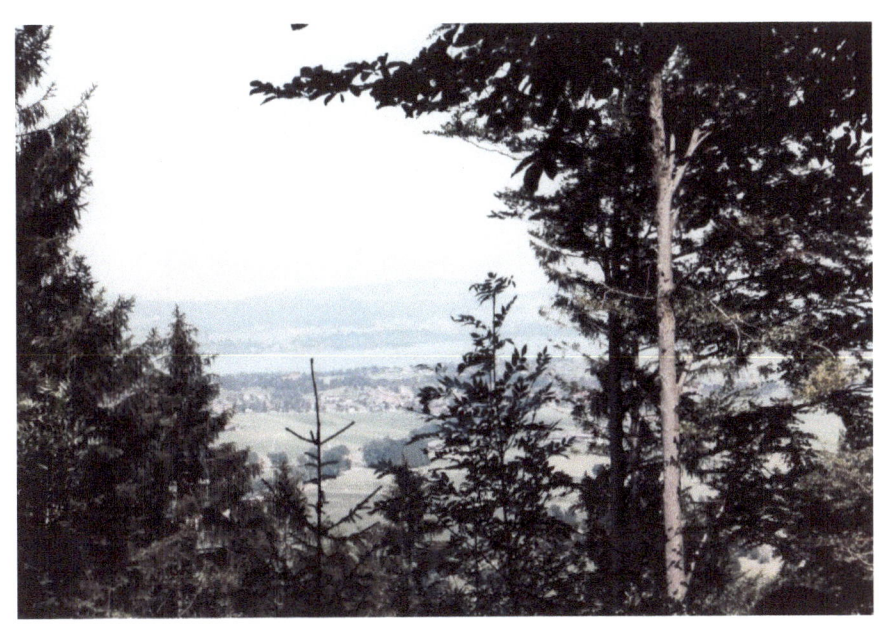

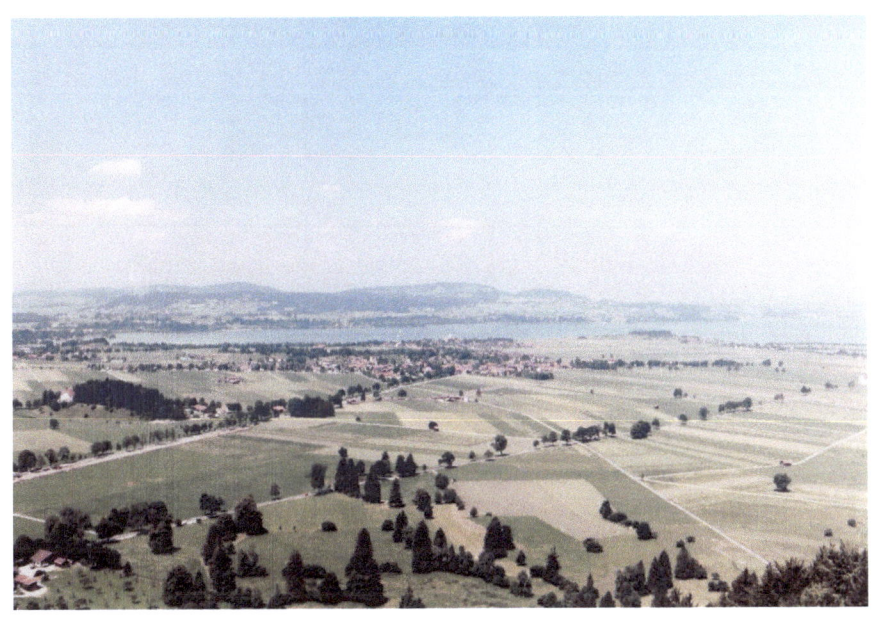

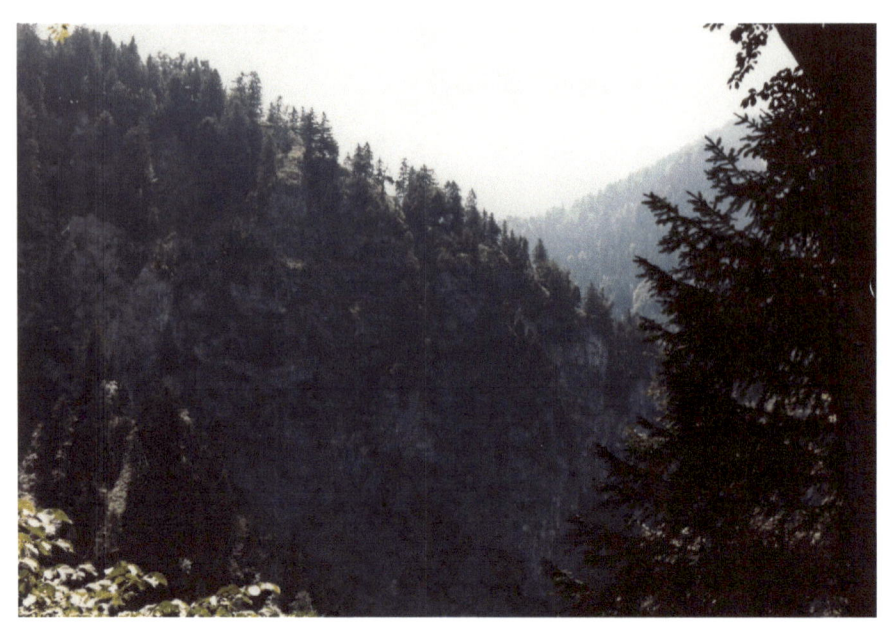

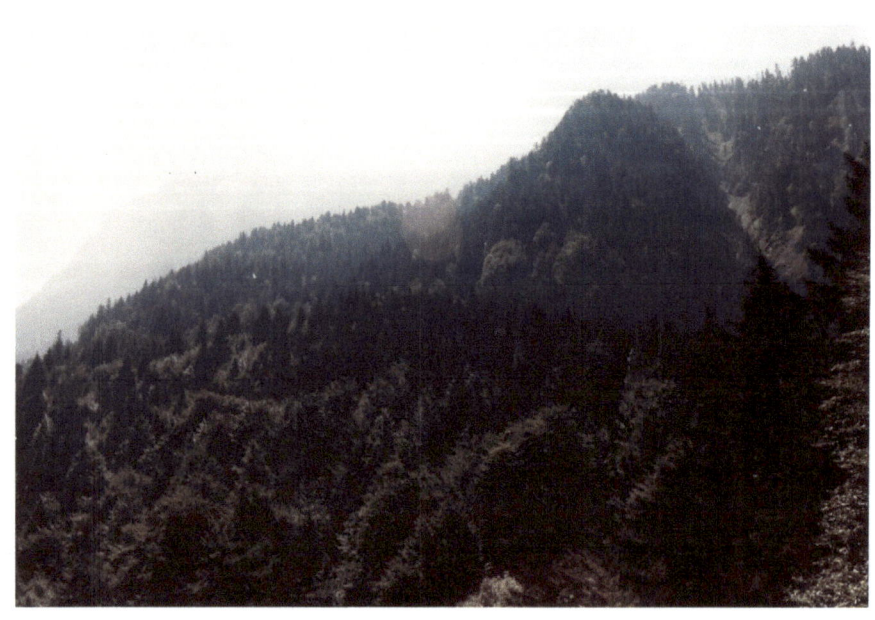

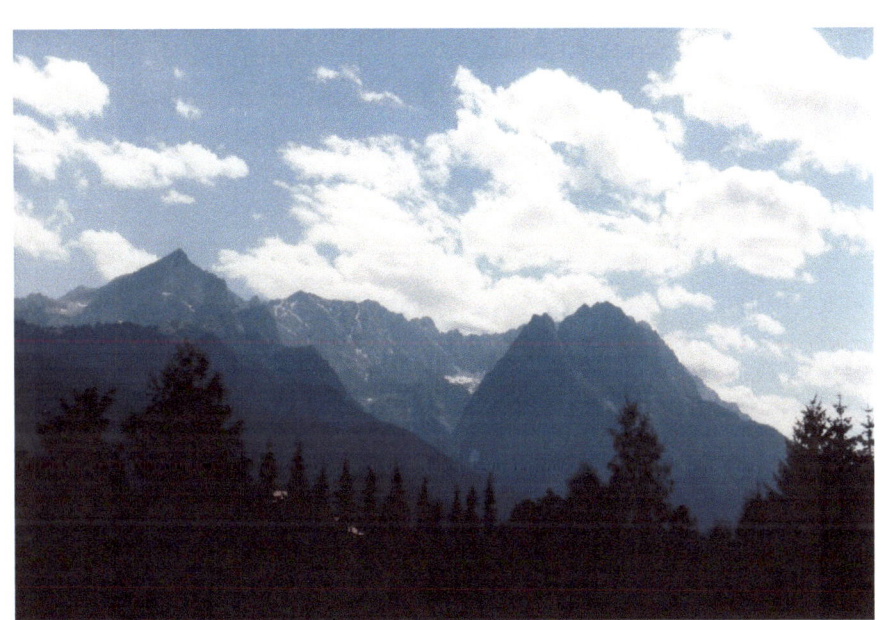

Marburger Schloss

Das Schloss in Marburg ist nicht so schick wie der Palast in Bayern, aber Burgen sollen das ja auch nicht unbedingt sein. Ein Palast ist ein schöner Ort, in dem eine königliche Familie lebt, während eine Burg eher als Fort errichtet wurde, um einen Bereich zu schützen. Marburg liegt ziemlich nah an Giessen und somit ist es ein Ziel für Menschen aus Giessen, wenn sie einmal ein Schloss oder eine alte Stadt sehen wollten.

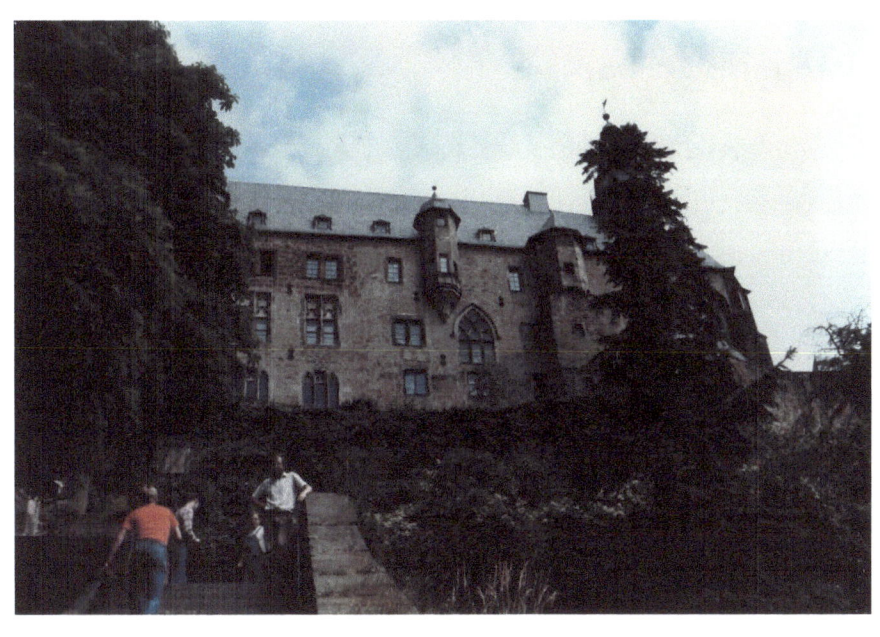

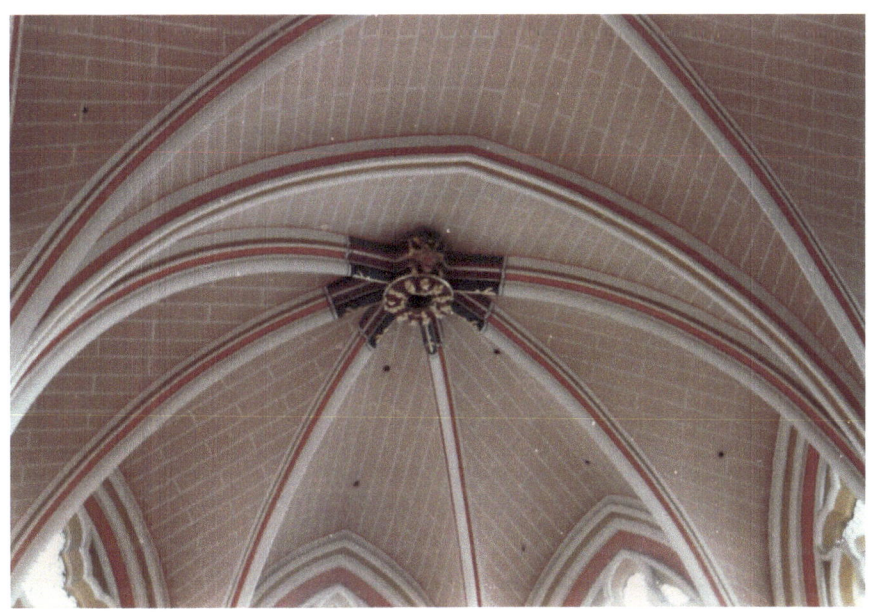

Heidelberger Schloss

Meine Familie und ich machten einen Tagesausflug nach Heidelberg und nahm diese Bilder auf, während ich dort war. Heidelberg hat ein paar alte römische Ruinen in der Nähe des Schlosses und ich habe auch davon ein paar Bilder mit aufgenommen.

Der Brunnen befindet sich auf dem Weg zum Schloss. Da der Belichtungsmesser meiner 35 mm Kamera durcheinander kam, da die Lichtverhältnisse so unterschiedlich waren, sind die Bilder innerhalb des Heidelberger Schlosses zu dunkel geworden und wurden daher hier nicht mit aufgenommen.

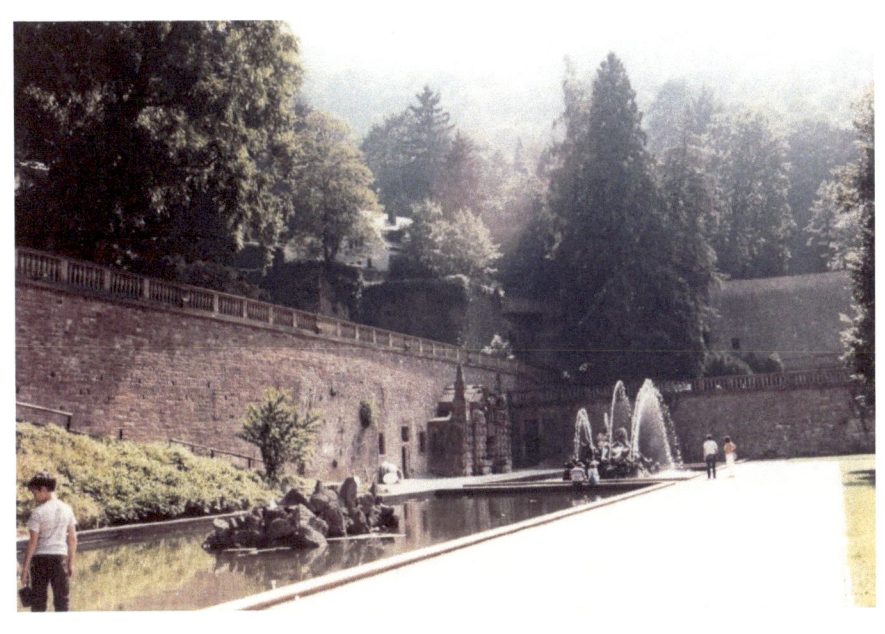

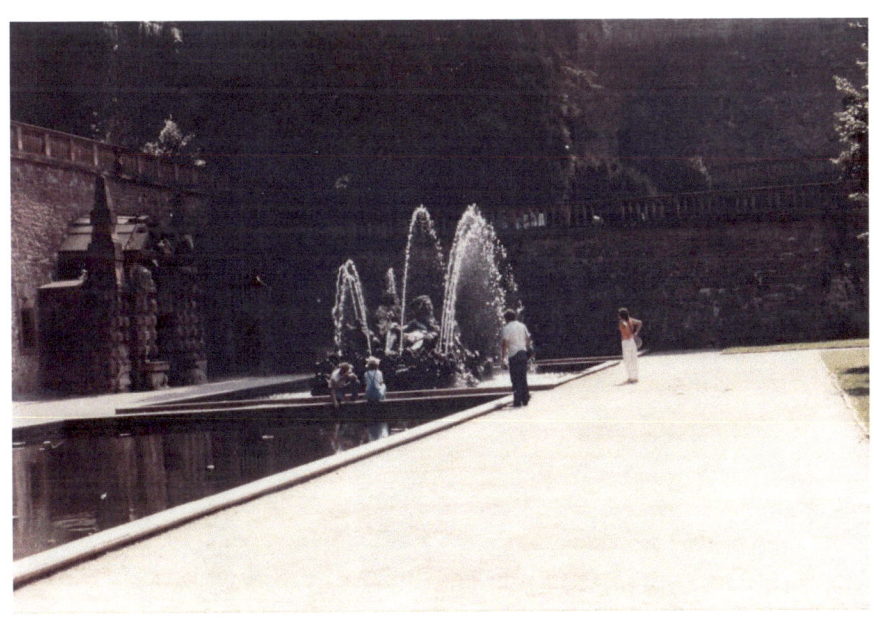

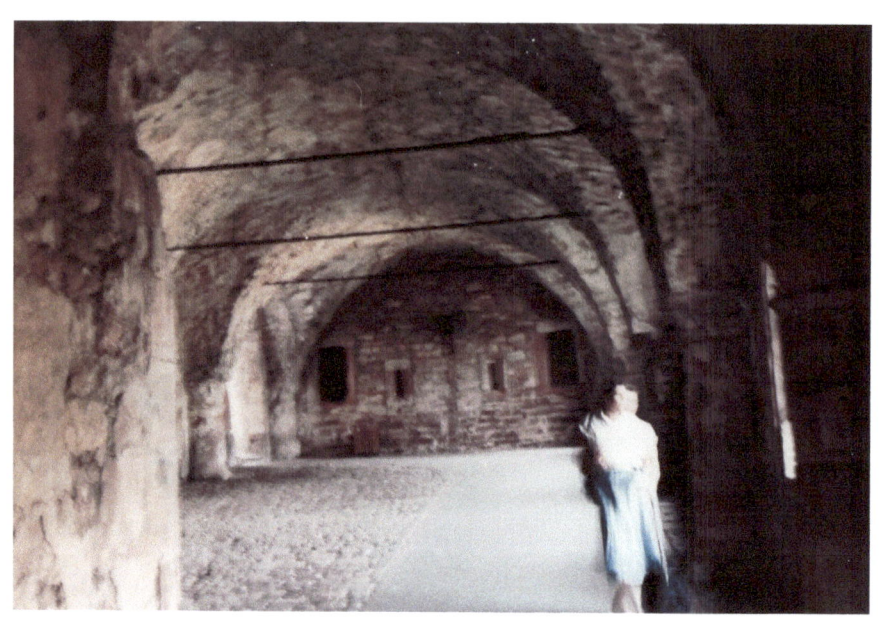

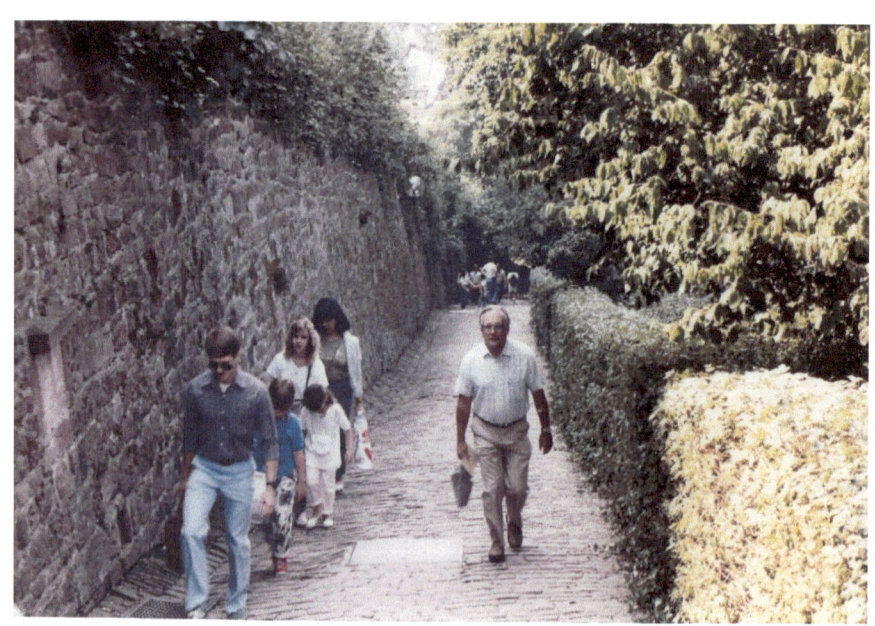

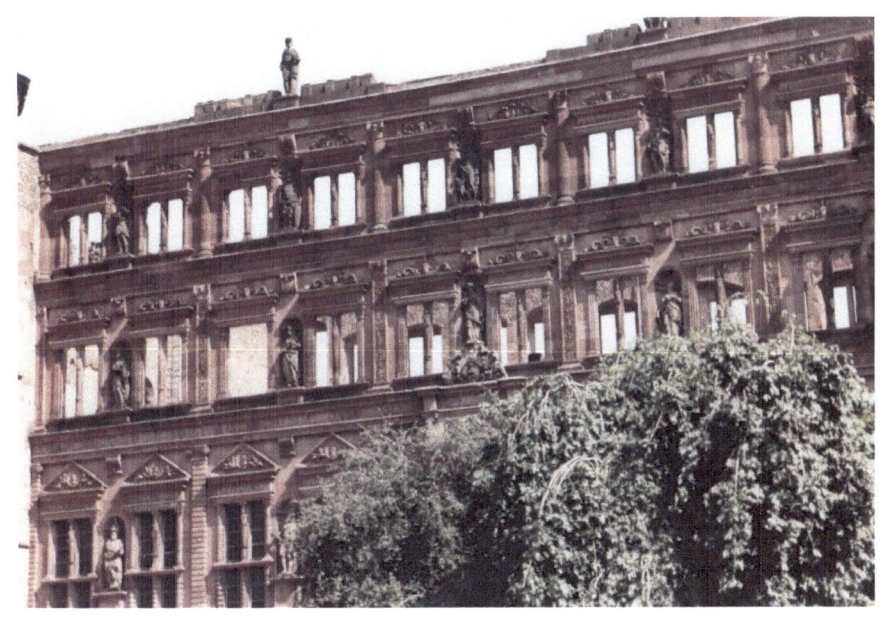

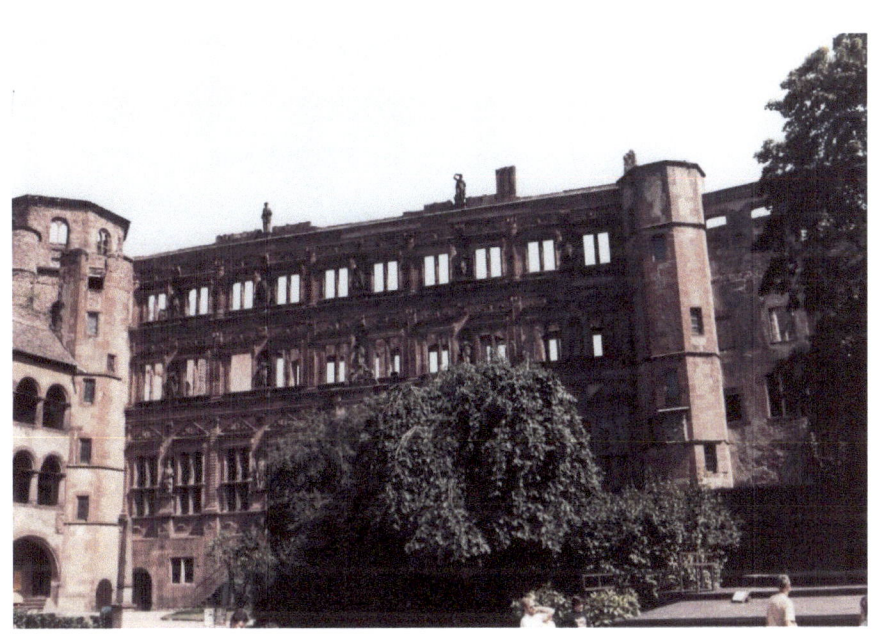

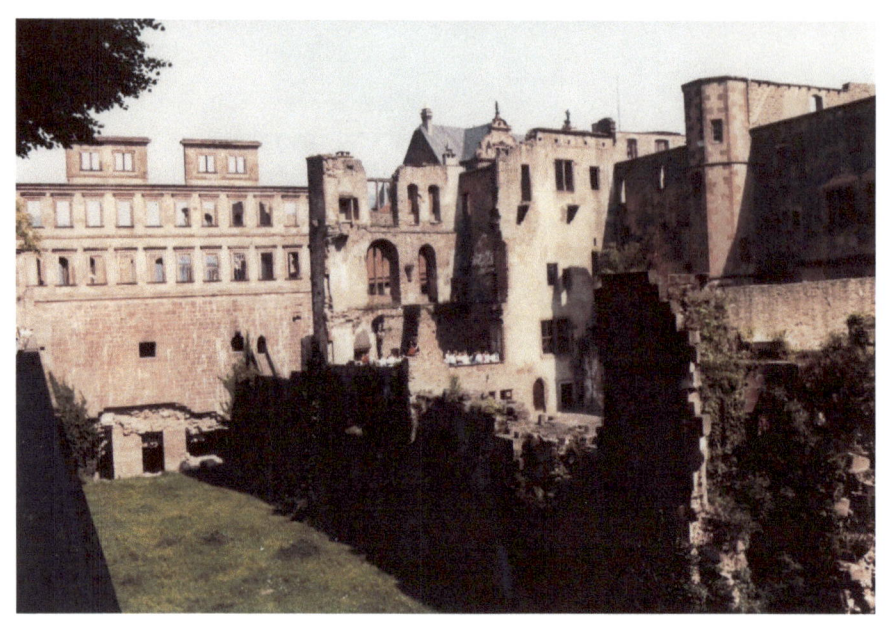

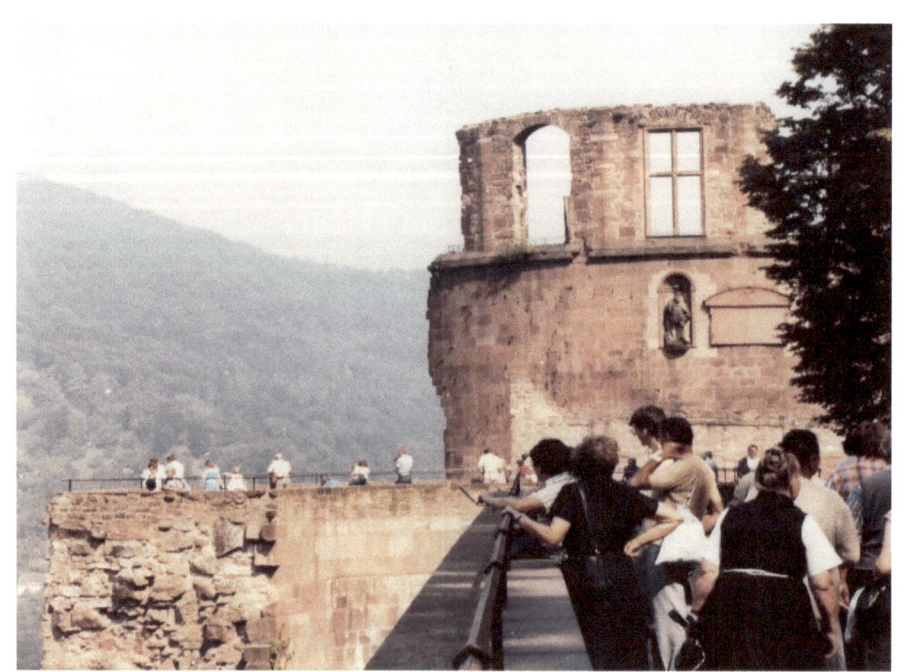

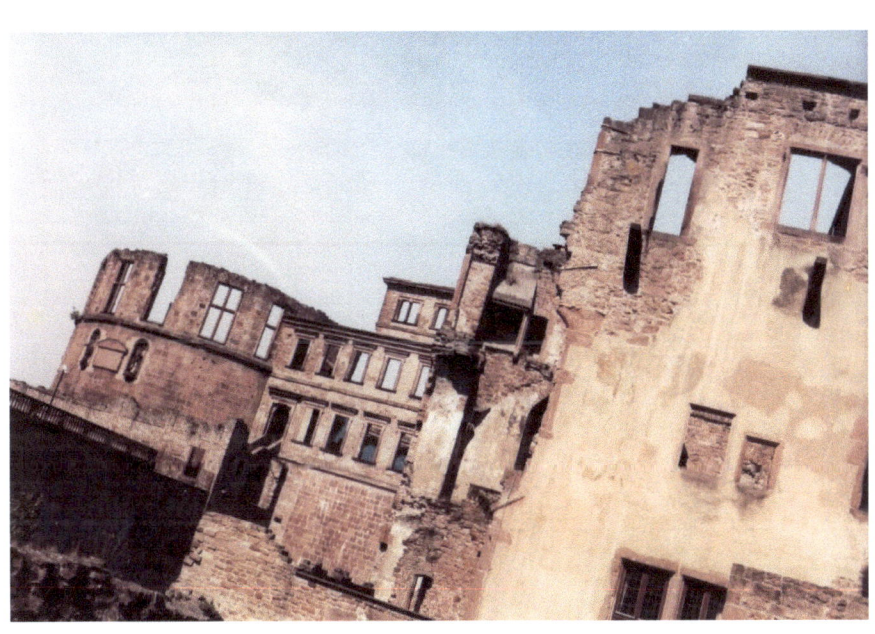

Unbekannter Palast

Ich weiß nicht mehr, wo sich dieser Palast befindet. Ich erinnere mich, dass mir jemand sagte,
es gehörte Katherine der Großen von der österreichisch-ungarischen Monarchie.

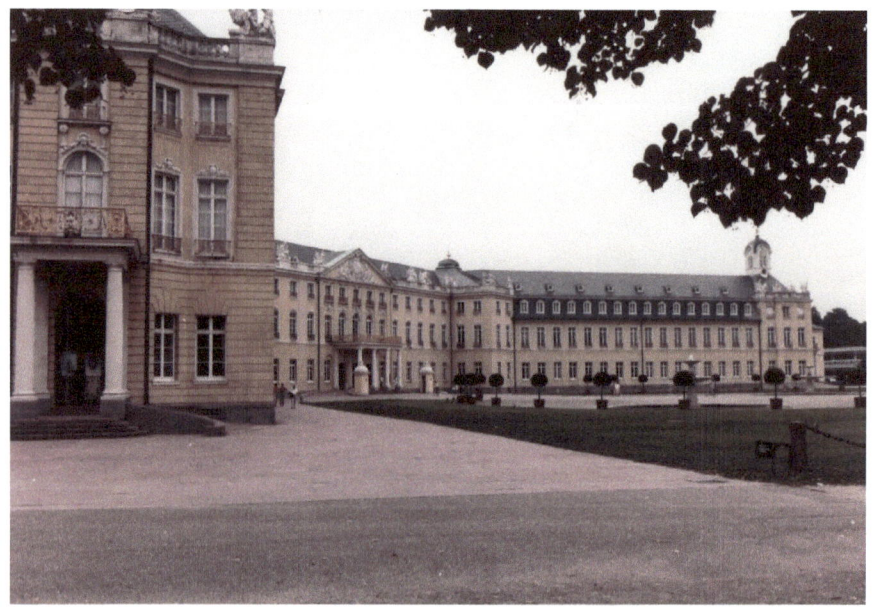

www.ingramcontent.com/pod-product-compliance
Lightning Source LLC
Chambersburg PA
CBHW050911180526
45159CB00007B/2875